HET GROTE MOMENT

Midas Dekkers

HET GROTE MOMENT

HOE DIEREN GEBOREN WORDEN

Met tekeningen van
Helen van Vliet

UITGEVERIJ PIRAMIDE
Amsterdam/Antwerpen

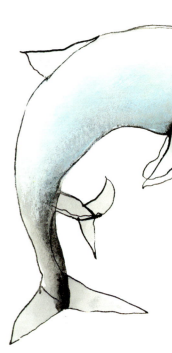

© 1989, 1997 Midas Dekkers en
uitgeverij Piramide, Amsterdam/Antwerpen
© 1997 Helen van Vliet, illustraties
Vormgeving Wim ten Brinke BNO
ISBN 90 245 1470 3
NUGI 210

INHOUD

Leven maken 6

Navels kijken 12

Melk of eieren 22

Het grote moment 36

Jongen of meisje 50

Eenling, tweeling, duizendling 60

Bij moeder thuis 66

Kraamvisite 72

LEVEN MAKEN

Een van de moeilijkste dingen om te maken is een poes. Een echte. Om een echte poes te maken, moet je niet alleen een staart en vier pootjes in elkaar zetten, maar ook een hart, kilometers bloedvat, een automatische spinner en ogen die lichten in het donker.

Een mens kan wel een maanraket maken, of een prachtig gedicht, maar het eerste het beste onderdeeltje van een poes – één haar, één zenuwtje – is hem al te moeilijk. Waarvan zou je bijvoorbeeld zo'n zacht neusdopje moeten maken? Als een mens al eens een poes maakt, is het er een van pluche, blik of plastic. Daar kun je dan mee knuffelen of je kunt hem opwinden om hem iets te laten doen. Er zijn heel knappe speelgoedkatten, die rondjes rijden als je ze opwindt of met een garenklosje spelen, maar vergeleken bij een echte poes kunnen ze niks. En ze zijn nog duur ook.

Een echte poes, die kopjes geeft en de stoel stukkrabt, die lief is en zijn wonderpoepertje nooit hoeft af te vegen, kost meestal minder dan zo'n poesje uit de speelgoedwinkel.

Vaak kun je een echte kat gratis af komen halen. En zelfs al kost een superraskat duizend gulden, dan nog is dat spotgoedkoop als je bedenkt dat je hem zelf niet kunt maken, al had je al het geld van de wereld.

Het kan niet anders of er moet ergens een kattenfabriek zijn die heel goedkoop katten levert. Er zijn zelfs een heleboel van die fabrieken. Misschien zit er wel een bij jou op schoot. Want de enige echte kattenfabriek, dat is een kat. Katten, die maken katten.

Zoals katten katten maken, maken muizen muizen en mussen mussen. Voor een mens zijn alle drie die diersoorten te moeilijk. Maar mensen kunnen weer iets anders moois maken: mensen. Zo maakt iedere soort zijn eigen soort. Voortplanting heet dat.

Zonder voortplanting zou een soort snel opraken. Want katten en muizen en mussen en mensen slijten. Soms valt er gewoon een gaatje in. Meestal geneest zo'n wondje gelukkig vanzelf en ook de meeste ziekten gaan weer over. Toch gaat er bij elk dier vroeg of laat ergens iets onmisbaars stuk. Dan is hij dood. Zo'n dood dier moet worden vervangen door een nieuw, springlevend exemplaar.

Vroeger dachten ze dat nieuwe dieren zomaar uit dood spul konden ontstaan. Dat zag je toch met eigen ogen? Uit rot vlees ontstonden vliegen, om muizen te maken hoefde je maar een oud brood te laten slingeren en als je je vuile kleren maar lang genoeg liet liggen, kwamen er vanzelf luizen uit. Maar men had niet goed genoeg gekeken. De vliegen kwamen uit eitjes die andere vliegen in het vlees hadden gelegd, het brood was niet de oorsprong maar het eten van de muizen, en ook alle luizen hebben een moeder gehad.

Dieren worden uitsluitend gemaakt door dieren. Daar zijn dieren heel goed in. De voortplanting loopt op rolletjes, vrijwel geruisloos. Terwijl het in een autofabriek altijd een enorme herrie is, groeit een nieuw poesje in alle stilte in de moederbuik. Alles lijkt vanzelf te gaan.

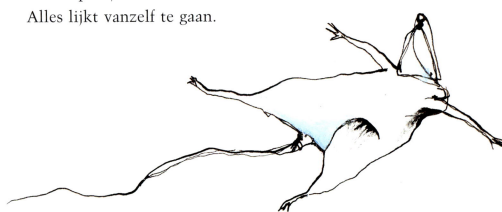

Totdat het jonge katje groot genoeg is om de buitenwereld in te gaan. Dan blijkt het een heel gedoe om het katje de kattenfabriek uit te krijgen. Dat hele gedoe noemen we de geboorte.

Het grote probleem is dat dieren heel anders bij hun moeder groeien dan planten. Ze groeien er niet *aan* maar *in*. Een appelboom krijgt haar kinderen, de appels, gewoon *aan* haar takken. Daar groeien ze zo vrij als een vogeltje. En zijn ze klaar om zich van hun moeder los te maken, dan laten ze zich eenvoudig aan hun steeltjes vallen. Dieren daarentegen groeien *in* hun moeder. Veel ruimte is daar niet. Ook al wordt de moeder tijdens de dracht dikker, toch zitten de jongen voortdurend in het nauw. En wanneer ze klaar zijn om hun moeder te verlaten, zijn ze op hun grootst, terwijl de uitgang die hun moeder heeft maar klein is. Zo kort als de reis naar de buitenwereld is, zo'n avontuur is het. Als het mislukt, gaat het jong dood, en soms de moeder erbij.

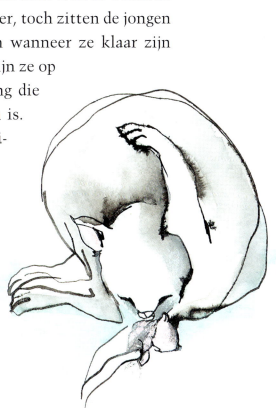

Zodra een dier geboren is, heeft het het spannendste moment van zijn leven al achter de rug. Spannend voor de moeder ook en spannend voor een mens om naar te kijken. Misschien heb je weleens de geboorte van een kalf of lammetje gezien op een boerderij. Of misschien heb je thuis weleens poesjes, hondjes of konijntjes geboren zien worden. Dan weet je wat een wonder het is, zomaar iets dat leeft te zien komen uit iets anders dat leeft. Zelfs dierenartsen die al duizenden geboorten hebben meegemaakt, staan er elke keer weer van te kijken.

Toch mis je het grote moment vaak. Omdat het 's nachts valt, omdat het moederdier niet van pottenkijkers houdt of gewoon omdat je net even de andere kant op keek. Daarom laat dit boek niet alleen in woorden zien hoe de geboorte in zijn werk gaat, maar ook in beelden. Dat je een wonder nooit helemaal onder woorden kunt brengen geeft niet, als je je er maar iets bij kunt voorstellen.

NAVELS KIJKEN

Hoe is het om geboren te worden? Dat hoor je te weten, want je hebt het meegemaakt. Als je niet was geboren, bestond je niet. Toch weet je er niets meer van.

Maar je hebt er wel een herinnering aan overgehouden. Ook als je geboortekaartje niet is bewaard, bezit je nog een aandenken aan je geboorte. Het zit midden op je buik: je navel. Een raar ding eigenlijk. Een navel dient nergens voor. Het is gewoon een litteken, een overblijfsel van de allereerste wond die je in je leven hebt opgelopen. Je navel geeft de plaats aan waar je voorgoed van je moeder bent gescheiden; je navel is je ware geboorteplaats.

Toen je werd geboren, kwam er op de plaats waar nu je navel zit een slangetje uit je lijf van ongeveer een halve meter lang. Via deze navelstreng was je op je moeder aangesloten. Meteen na je geboorte hebben ze hem afgebonden en doorgeknipt. Er bleef een stompje over, dat binnen enkele dagen verdorde en afviel, waarna alleen je navel overbleef.

Een kat of hond heeft ook een navel. Zoek er eens naar. Het zal niet meevallen om hem te vinden met al dat haar erover, maar hij zit er heus, want ook een hond of poes is met navelstreng en al geboren.

Afbinden en doorknippen zal meestal niet nodig zijn geweest, want een normale moederpoes of moederhond bijt de navelstreng na de geboorte zelf door. Het kan echter voorkomen dat ze het vergeet of dat ze het niet kan. Dit laatste is bijvoorbeeld het geval bij enkele hondenrassen die zo raar worden gefokt dat de boventanden niet goed op de ondertanden passen. Dan moet er toch een mens aan te pas komen om de jongen van hun moeder los te koppelen. Maar ook dan zie je aan hun buikjes nog een tijdje als het steeltje aan een appel een stukje navelstreng hangen.

Als je bij de geboorte het jong aan zijn navelstreng ziet zitten, lijkt die streng net een reddingslijn. Maar dat is hij niet. Je kunt de navelstreng beter vergelijken met de slang waardoor een diepzeeduiker lucht krijgt aangevoerd. Ook een ongeboren jong ademt via een slang, want lucht is er in de buik van zijn moeder evenmin als onder zee. Verder krijgt het jong via zijn navelstreng te eten. Een hondenbrok of stukje vis kan er niet door, maar dat hoeft ook niet, want de ongeboren jongen kunnen toch nog niet kauwen. Ze krijgen uitsluitend vloeibaar voedsel. Aan het uiteinde van de navelstreng zit een vlezige spons, de placenta, waarmee elk jong de voedingsstoffen uit het bloed van zijn moeder opneemt. Het bloed zelf drinkt een jong niet, het neemt alleen stoffen uit dat bloed op in zijn eigen bloed, dat door de navelstreng loopt. De moeder neemt de afvalstoffen van haar jongen in haar bloed op en plast ze met haar eigen plas mee uit.

Een ongeboren jong moet veel eten, want het groeit snel. Tegen de tijd dat het geboren wordt, heeft een jong de sterkste groei al achter de rug. Dat geldt ook voor jou. Na je geboorte mag je dan driemaal zo lang zijn geworden en twintigmaal zo zwaar, voor je geboorte was je al 2500 maal zo lang geworden en een miljardmaal zo zwaar. Dat klinkt onmogelijk en toch is het zo. Net als een hond of poes ben je namelijk onvoorstelbaar klein begonnen: als een hummel zo klein als een speldenprik, nog niet met het blote oog te zien, een duizendste van een duizendste gram zwaar. Elk dier weer moet beginnen als één zo'n piepklein zakje met een pietsie levend spul erin; als één cel.

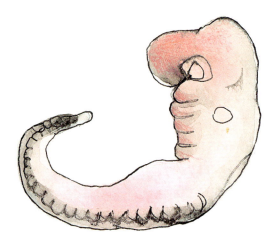

Cellen zijn de bouwstenen van elk levend wezen. Een volwassen dier heeft er miljoenen maal miljoenen van. Die zijn allemaal uit die ene eerste cel voortgekomen. Dat heet groei. Groei kan heel snel gaan. Een walvis, die ook als een speldenprik zo klein is begonnen, weegt bij zijn geboorte soms al 2500 kilo en komt elke dag daarna dan nog eens honderd kilo aan.

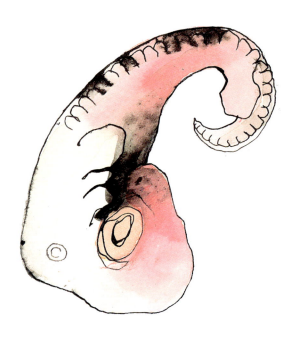

Een dier wordt heel anders opgebouwd dan een huis of auto. Bij een huis metselen ze eerst de fundering, dan de muren en tot slot het dak, waarna de ramen, kasten, deuren en deurkrukken erin kunnen. Ook een auto bouw je onderdeel voor onderdeel op. In de buik van een drachtig dier gaat het heel anders toe. In plaats van eerst de ogen en dan de neus en dan de kin en tot slot ooit eens de tenen, worden alle onderdelen min of meer tegelijkertijd gemaakt. Terwijl de ogen ontstaan, ontstaan ook de poten en het hart en de hersenen. In een piepklein ongeboren jong zijn die onderdeeltjes al heel klein te zien.

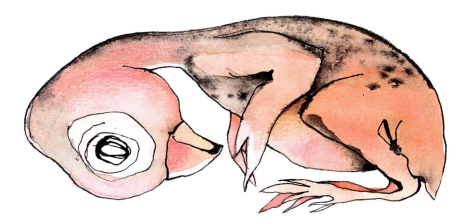

Dat kan alleen als elk onderdeel daarna nog kan groeien. Bij een huis of auto kan dat niet. Het wiel van een auto is altijd al zo groot geweest, net als de deur van een huis. Auto's en huizen kunnen alleen groeien door er van buitenaf bouwstenen aan toe te voegen.

Een dier doet het slimmer: een dier groeit van binnenuit. Het maakt de nieuwe bouwstenen uit zijn eigen bouwstenen, die al in zijn lijfje verwerkt zijn. Een cel in de neus van het ongeboren jong haalt er geen cel bij, maar splitst zich.

Daarna groeien beide helften weer tot de normale celgrootte aan. Vervolgens splitst elk van de twee nieuwe cellen weer, zodat er vier ontstaan en uit die vier ontstaan er acht, uit acht zestien, uit zestien tweeëndertig, uit tweeëndertig vierenzestig cellen. Dat schiet lekker op; de neus groeit razendsnel. En omdat de andere neuscellen meegroeien, netjes in de maat, blijft het geheel toch een neus. Het wordt zelfs een steeds betere neus.

Naarmate een dier groeit, worden alle onderdelen niet alleen groter maar ook echter: een raar neusje wordt een echte neus, een raar voetje een echte voet.

Een kip heeft geen navel. Hoe vaak je ook kip eet, hoe goed je ook op je bord zoekt, nooit zul je een kippennavel vinden.

Een vogel kan geen navel hebben, want er is nooit een navelstreng van afgebroken. Een ongeboren kuiken heeft wel een streng bloedvaten om zijn ei mee leeg te eten, maar daarvan is na het uitkomen weinig meer te zien. Het kuiken heeft hem dan met dooier en al in zijn lichaam opgenomen. Maar al verschilt een vogel in dit opzicht sterk van een kat of mens, ook een vogel is zijn leven als één cel begonnen. Of een kikker. Bij een vogel of kikker heeft die cel zich net zo lang moeten delen tot het dier sterk genoeg was voor de buitenwereld.

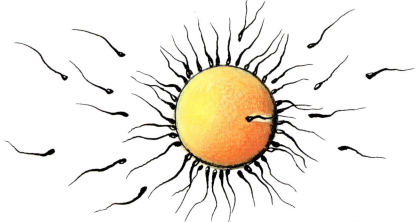

Ieder dier is terug te voeren op één cel. Alle miljarden cellen van een dier zijn uit één cel ontstaan. Maar waar is die eerste cel dan vandaan gekomen? Die is gemaakt door de moeder. Eicel heet zo'n cel in haar buik. Maar in z'n eentje kan de eicel het niet af. Om tot een heel dier uit te groeien, moet hij eerst worden bevrucht. Daarvoor is een tweede cel nodig: de zaadcel. Deze wordt door de vader geleverd. De zaadcel versmelt met de eicel tot de ene cel waaruit het nieuwe dier opgroeit. In die eerste cel zit dus iets van de moeder en van de vader. Daarom zie je bij jezelf in de spiegel van allebei je ouders wel iets terug.

De kunst is om de eicel en de zaadcel bij elkaar te krijgen; daarna gaat alles min of meer vanzelf. Bij de poes, de mens, de struisvogel en veel andere dieren ontmoeten beide cellen elkaar in de buik van de moeder. Om de zaadcel daar te krijgen, hebben veel mannetjesdieren een speciale spuit: de penis. Deze steken ze bij het vrouwtje naar binnen, in dezelfde opening waar later de jongen uit zullen komen. Paren heet dat. Het valt niet mee om met zo'n grote spuit te mikken op een eicel zo klein als een speldenprik, en dat in het donker. Daarom spuit het mannetje miljoenen zaadcellen tegelijk naar binnen, in de hoop dat er dan één doel zal treffen. Binnen het vrouwtje gaat elke zaadcel op eigen houtje op weg naar de eicel. Elk heeft een lange staart waarmee hij zich met een gangetje van tien, twintig centimeter per uur voortzwiept. Soms komt toch niet één cel aan. Dan moeten mannetje en vrouwtje nog maar eens paren. Vroeg of laat lukt het in de meeste gevallen wel om een ontmoeting tot stand te brengen. Anders zouden al die poezen en olifanten en mensen er niet zijn. En had jij geen navel.

MELK OF EIEREN

Een ei met een glas melk erbij, daar word je groot en sterk van. Er zit van alles in wat je nodig hebt, tot vitaminen aan toe. Een ei met een glas melk is bijna een complete maaltijd.

Dat is niet zo gek. Melk en eieren worden speciaal gemaakt om op te eten. Een koe maakt melk als eten voor haar kalf, een kip stopt haar eieren vol eten voor het kuiken dat erin opgroeit. In dat eten mag geen enkele voedingsstof ontbreken, want iets anders krijgt een pasgeboren kalfje of kuiken in het ei niet. Een kippenpoot kan net zo lekker zijn als een kippenei, en een koeienbil net zo lekker als een glas koeienmelk, maar zo'n poot of biefstuk zijn toch minder voedzaam, want ze zijn niet als voedsel bedoeld. Een kip maakt zijn poten om op te lopen, niet om ze op te laten eten.

Mensen stelen de melk van de koe en de eieren van de kip. Zo te zien vinden die dat niet eens erg. Als je met een melkmachine maar net als een kalf aan haar uiers sabbelt, geeft een koe na elke geboorte tien maanden lang melk. En haal je bij een kip steeds weer de eieren weg, dan legt ze maar door, want ze houdt niet op voordat ze een heel nest bij elkaar heeft. En bij koeien en kippen blijft het niet. Ook schapen en geiten, zelfs kamelen en ezels worden gemolken, en de eieren van een gans of kievit zijn minstens zo lekker als die van een kip.

Van al wat leeft is de mens vrijwel de enige die zowel melk drinkt als ei eet. De meeste dieren doen als jong óf het een óf het ander. Er zijn dus melkdieren en eierdieren. Deze verschillen ook in andere opzichten van elkaar. Zo hebben bijna alle dieren die melk geven een navel; eierdieren hebben er nooit een.

Wil je weten of een diersoort melk geeft of niet, dan hoef je niet te wachten tot er jongen zijn geboren. Je hoeft zelfs niet te zoeken naar een navel of een tepel. Je kunt zulke dieren nog gemakkelijker herkennen aan hun haar. Dieren die hun jongen met melk zogen hebben altijd haar (dus geen veren of schubben); dieren met haar zogen hun jongen altijd. Zulke dieren heten zoogdieren. Voorbeelden zijn katten en honden en beren, maar ook walvissen en mensen.

Voordat het wordt geboren, eet een zoogdier van binnenuit, na zijn geboorte van buitenaf uit zijn moeder. In de buik van zijn moeder zuigt het met zijn navelstreng de voedingsstoffen uit haar bloed op, na de geboorte sabbelt het op haar buik de melk uit haar borsten. In beide gevallen krijgt het voedsel naar binnen dat zijn moeder eerst zelf heeft moeten eten. Ze moet dus extra eten. Een hond die jongen krijgt of jongen aan de borst heeft, eet wel viermaal zoveel als normaal.

Zowel bloed als melk dienen dus als kindervoer. Maar melk is veel sterker; in melk zitten veel meer voedingsstoffen. Toch wordt melk uit bloed gemaakt. In de borsten van een mensenmoeder of de uiers van een koe stroomt het bloed door speciale kliertjes die er de eetbare deeltjes uithalen. Voor elke liter melk die deze kliertjes maken, stromen er honderden liters bloed doorheen. Jouw moeder heeft natuurlijk maar vijf liter bloed. Dit beetje heeft haar hart dus vele malen door haar borsten moeten pompen om voldoende voedsel aan te slepen voor de melk.

Als ze geboren zijn, moeten de jongen snel op zoek naar een tepel, anders sterven ze van de honger. Maar jonge hondjes en poesjes worden blind geboren en ruiken kunnen ze ook nog niet goed. Daarom duwt de moeder ze zelf tegen de melkbron aan. Toch moeten de jongen zelf ook iets doen. Ze stoten tegen de borsten van hun moeder om de melk te laten 'schieten'.

Een geitje kan zijn moeder hierbij flinke kopstoten verkopen. Jonge poesjes 'boksen' met hun voorpootjes tegen de tepel; later als ze groot zijn 'rampetampen' ze nog steeds weleens speels tegen jouw buik, ook al levert dat heus geen melk.

Echt nodig is zo'n melkstoot niet altijd, maar hij helpt wel, net zoals het klateren van het kraantje op de wc helpt om te gaan plassen.

Speciale dieren hebben speciale problemen. Walvissen moeten hun jongen onder water zogen omdat ze niet zoals een zeehond het land op kunnen. Ze spuiten de melk in de bek van hun jong. De tepel zelf zit in een zakje dat stevig rondom die bek past; zo wordt er niets gemorst.

Het jong blijft bij zijn moeder drinken tot het groot genoeg is om zelf te eten. Maar de trek in melk blijft nog een tijd bestaan. Zo eet een gorillajong na tweeëneenhalve maand al bladeren, maar drinkt nog bij zijn moeder tot het anderhalf jaar oud is. In het begin moet de moeder haar kind daarbij goed tegen zich aandrukken, want zich vastklampen, zoals de meeste jonge apen, kan een gorillababy niet.

Meestal eindigt het zogen wanneer de moeder er geen zin meer in heeft. Het gesabbel verveelt haar dan of begint zelfs zeer te doen omdat het jong gaat bijten. Maar het kan natuurlijk ook zijn dat ze geen melk meer heeft of dat het jong wordt verdrongen door nieuwe broertjes of zusjes. De meeste jongen vinden dat heel vervelend; melk drinken bij je moeder is immers lekker gemakkelijk en warm. De moeder moet ze dan echt wegjagen voordat ze hun verlies aanvaarden. De rest van hun leven zullen ze nooit meer melk drinken. Tenzij het poezen zijn natuurlijk, of egeltjes. Die likken tot op hun oude dag nog melk van schoteltjes. Maar dat is dan geen poezen- of egelmelk.

We zijn er zo aan gewend dat onze melkboer geen mensenmelk verkoopt dat we met 'melk' koeienmelk bedoelen. Mensenmelk noemen we moedermelk. Alsof er vadermelk zou bestaan!

Al kan een mensenbaby opgroeien met koeienmelk en al zijn er volken waarbij de vrouwen biggetjes de borst geven, toch zijn er verschillen tussen de melk van verschillende soorten zoogdieren. Zo zit er in de melk van een walvis driemaal zoveel vet als in die van een mens of koe, omdat een walvisjong in het koude water een dikke jas van vet spek nodig heeft. Konijnenmelk bevat veel meer eiwit dan gewone melk; daar groeien de jongen zo snel van. Maar lekker is anders. Een moederkonijn stopt veel te weinig suiker in haar melk. Babykonijntjes kan dat kennelijk niet schelen, maar ons wel. Wij vinden moedermelk en koeienmelk lekker omdat er flink wat suiker in zit. Toen we geboren werden, hielden we al van die zoetigheid; daarom drinken we graag onze melk en daarom houden mensen ook als ze groot zijn nog van zoet. En van sabbelen natuurlijk, al is het maar op een snoepje.

Waarom zit een zoogdier zo lang in de buik van zijn moeder voordat het geboren wordt en gezoogd kan worden? Omdat het eerst longen moet krijgen om te ademen, een huid tegen het binnendringen van ziektekiemen en natuurlijk een mond om melk mee te drinken. Alleen al zo'n mond telt vele miljoenen cellen. Die zijn pas na een lange draagtijd klaar.

Toch zijn er dieren die hun jongen al het moederlichaam uit jagen wanneer ze nog maar één of enkele cellen groot zijn. Die leggen eieren. In zo'n ei verlaat het jong het lichaam van zijn moeder lang voordat het een hart of een huid heeft. Als je een pasgelegd ei openmaakt, vind je het jong er nauwelijks in terug. Het is als een speldenknop zo klein. De rest van het ei is volgestouwd met voedsel. Terwijl een zoogdier zijn jong in de buik voortdurend te eten geeft, dag in dag uit, uur in uur uit, krijgt het jong in een ei al het eten voor de komende dagen of weken in één keer mee.

Al verlaat het jong zijn moeder wanneer het nog maar een speldenknop is, toch komt het in de boze buitenwereld niet meteen om. Het is beschermd door de eischaal. Bij vissen en kikkers is dat een taai vlies. Zo'n vlies is wel stevig, maar niet waterdicht. Voor vissen geeft dat niet, die leven toch in het water, maar een kikkerei zou op de kant gemakkelijk uit kunnen drogen. Vandaar dat kikkers naar het water moeten als ze eieren gaan leggen.

De eischaal van een waterschildpad is net van leer. Landschildpadden en krokodillen hebben net zo'n hard ei als een vogel. Er zit kalk in. Daarom moeten de moeders flink kalk eten.

Tegen de kou helpt een eischaal niet. Voor een visje of schildpadje is dat niet zo erg, maar een vogeltje moet altijd warm blijven in zijn ei. Veel moedervogels gaan er daarom gewoon bovenop zitten. Al zit haar jong dan niet warm in haar buik, het ligt er wel vlak onder.

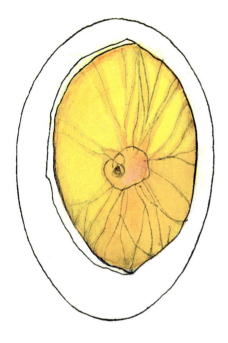

Dankzij de warmte gloeit de speldenknop al snel uit tot een staafje. Dit vormt een heel netwerk van bloedvaatjes om de voedingsstoffen uit de dooier aan te voeren. Daarna gaat het hard. Al na zes dagen is bij een eendje het oog te zien. Na tien dagen verschijnt daarachter als een tweede vlekje het oor. Twee weken na het leggen kun je aan de snavel zien dat het een eendje wordt en nog een week later zit er al een speciale punt aan, de eitand, om uit het ei te breken. Dit gebeurt in de vierde week, wanneer het kuiken het ei helemaal leeg heeft gegeten. Alle eigeel en eiwit is dan omgezet in kuiken. Het is haast niet te geloven dat zo'n ei zichzelf vanbinnen zo om kan toveren. Een ei is dan ook de slimste verpakking ter wereld.

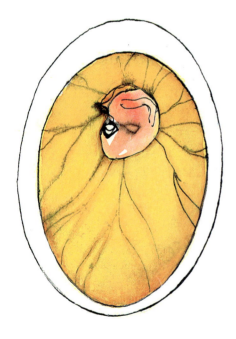

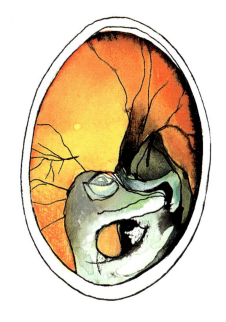

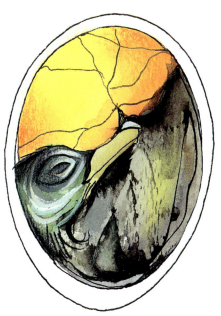

Na het uitkomen zijn de meeste vogels nog niet af. Het kuiken moet nog verder groeien. Maar zijn moeder heeft geen melk om hem te zogen. Alleen duiven en parkieten maken in hun lichaam een melkachtige stof die ze voor hun jongen opbraken. Bij alle andere vogelsoorten moeten de jongen meteen na het uitkomen vast voedsel eten: wurmen, rupsen of graan bijvoorbeeld. Soms moeten ze zelf eten zoeken, maar meestal wordt het in het begin door hun ouders aangesleept en in hun snaveltje gestopt. Dat is hard werken voor die ouders.

Vogels zijn niet de enige dieren die eieren leggen. Verreweg de meeste diersoorten planten zich via eieren voort. Insecten bijvoorbeeld. Omdat ze zo klein zijn, krijg je die insecteneieren maar zelden te zien. Dat is jammer, want er zijn erg mooie bij. Die van het lieveheersbeestje zijn geel wanneer ze gelegd worden; later worden ze groen. De moeder plakt ze op een blad vast en laat ze verder aan hun lot over. Wel legt ze de eieren meestal op een plek waar ze meteen na het uitkomen volop te eten vinden. Lieveheersbeestjes zijn dol op bladluizen en zetten hun eieren dan ook vaak af op een plant die onder de luis zit.

Ook de slakken die je volop in tuinen vindt, zijn eierdieren. Ze zetten hun eieren met tientallen bij elkaar af in een holletje. Omdat de schaal doorzichtig is, kun je goed volgen wat er in die eieren gebeurt. De slakjes komen er pas uit wanneer ze hun eigen slakkenhuisje hebben opgebouwd.

Padden leggen nog meer eieren, vaak honderden, per keer. Omdat de dunne schaal de eieren niet tegen uitdrogen kan beschermen, zoeken de padden voor hun voortplanting het water op. Als een lang snoer komen de eieren uit het lichaam van de moeder, die ze om waterplanten wikkelt. Pas bij het leggen worden de eieren door hun vader bevrucht.

Het lijkt iets heel anders, eieren leggen als een vogel of jongen werpen als een poes. Toch gebeurt er in principe hetzelfde. Een ei is eigenlijk niets anders dan één eicel, met een heleboel voedsel erin en een schaal erom.

Bij de mens kan een vrouw elke maand zo'n eitje maken. Als het bevrucht wordt, komt er negen maanden later een baby'tje. Wordt het niet bevrucht, dan komt het binnen één maand al, héél klein, door dezelfde geboorteopening naar buiten. Jouw moeder kan ook eieren leggen!

HET GROTE MOMENT

Geboren worden is een kwestie van leven en dood. Toch duurt het maar even. Een heel leven hangt af van een kort ogenblik. Het is dus erg belangrijk om dit grote moment goed te kiezen. Niet te vroeg, want dan is het jong nog te zwak om zijn moeder uit te mogen, maar ook niet te laat, want dan is het al te groot om eruit te kunnen.

Hoe weet een moederschaap of moederwolf dat de lammetjes of welpjes in haar buik klaar zijn? Ze kan niet bij zichzelf naar binnen kijken. In plaats daarvan wacht ze op een teken. De lammetjes of welpjes geven zelf aan wanneer ze eruit willen. Omdat er geen bel of huistelefoon in hun moeder zit, maken de jongen een signaalstof, een hormoon. Er hoeft maar een klein beetje van in het bloed van de moeder te komen om de geboorte op gang te brengen. Het moederlichaam wordt overgeschakeld van de stand 'jongen binnenhouden' op de stand 'jongen uitdrijven'.

Maar als de moeder al niet eens weet wanneer de tijd is gekomen, hoe weten de hulpeloze jongen het dan? Een kalender of agenda hebben ze niet. Het is gewoon een kwestie van groei. Tegen de tijd dat het jong klaar is om geboren te worden, zijn de klieren die het hormoon maken ook klaar. Hoe lang het duurt voor het zover is, hangt af van de diersoort. Bij een muis is een jong binnen twintig dagen geboorteklaar, een olifant doet er meer dan twintig maanden over om van één cel tot een pasgeboren dier uit te groeien. Een groot dier duurt nu eenmaal langer om te maken dan een klein dier. Middelgrote dieren hebben een middellange draagtijd: een hond of kat negen weken, een schaap vijf maanden en een paard elf maanden.

Het is vaak goed aan de aanstaande moeder te zien dat het grote moment nadert. Ze legt dan de laatste hand aan haar nest of zoekt op zijn minst een veilig plekje op. De poes duikt onder het bed of verstopt zich in een kast, het konijn begint als een dolle aan de bodem van zijn hok te krabben alsof hij een hol graaft. Verder valt bij een konijn het haar een beetje uit. Als je hem kamt, blijven er een paar dagen voor het werpen meer losse haren in de kam achter. Met zulk los haar werkt een konijn zijn nest lekker zacht af.

Een jong kan niet op eigen kracht uit de buik van zijn moeder komen. Daar is het veel te zwak voor. Daarom laat het zijn moeder het werk doen. Zij perst haar jong uit de zak waarin het tot die tijd heeft gezeten: de baarmoeder. Dat doet ze met spieren. Wanneer de geboorte nadert, trekken deze zich steeds vaker samen. Zulke samentrekkingen heten weeën. De eerste weeën dienen vooral om de uitgang van de baarmoeder open te zetten. Ondertussen zie je het moederdier steeds weer onder haar staart likken om het bloed en slijm dat vrijkomt weg te werken.

Pas wanneer de baarmoeder wijd open staat, beginnen de weeën het jong naar buiten te persen. Het lijkt wel een beetje op poepen. Er zijn dan ook dieren die er net zo bij gaan zitten of ze poepen. Die hurken, met hun staart omhoog. Een goudhamster gaat tijdens de worp op zijn achterpootjes staan en buigt zijn kop ver voorover. Ook een giraffe baart staande. Zodoende smakt het jong van twee meter hoogte naar beneden.

Gelukkig draait een giraffejong zich tijdens de geboorte, zodat hij niet op zijn kop terechtkomt. De meeste moederdieren nemen zulke risico's niet en gaan erbij liggen.

Het jong is niet de enige die uitmaakt wanneer hij wordt geboren. Zijn moeder heeft er ook veel over te zeggen. Anders zou het jong bijvoorbeeld midden in de winter worden geboren. Voor een hond of poes thuis maakt dat niet veel uit, maar een hertje of lammetje zou buiten omkomen van de kou. Of van de honger, want hun moeder kan in de winter maar net genoeg eten vinden om zichzelf in leven te houden. Iets extra's om melk van te maken is er niet.

De meeste dieren worden dan ook geboren in het voorjaar. Dan dartelen de lammetjes in het prille zonlicht en liggen de vogelnesten vol eieren. Het is hun moeders weer gelukt ze op tijd af te leveren. Want al maakt het jong zelf uit wanneer hij groot genoeg is, zijn moeder bepaalt wanneer zijn groei begint. Zij zorgt ervoor dat de eicel niet te vroeg en niet te laat in het jaar bevrucht wordt. Mannetjes mogen pas zaad bij haar inspuiten wanneer zij dat wil, in de paartijd. Om haar lammetjes in de lente te werpen moet een wijfjesschaap in het najaar paren, want de draagtijd is vijf maanden. Dat het de juiste maand is, merkt ze aan het korter worden van de dagen. Dieren die in het voorjaar paren, zoals veel vogels, reageren juist op het lengen van de dagen. Muizen en ratten paren, net als veel huisdieren, het hele jaar door, maar houden in de winter toch vaak rust. Zelfs katten en honden hebben uit de tijd dat ze nog wilde dieren waren vaste tijden overgehouden om krols of loops te worden.

Als eerste komen bij de geboorte vaak de kop en de voorpoten uit het moederlijf te voorschijn. Dat is het handigste, want zodra de kop eruit is krijgt een jong lucht. Komt de kop pas het laatst, dan bestaat het gevaar dat het jong te laat lucht krijgt en stikt. Bij een koe komt zo'n stuitligging maar zelden voor. Het kalf heeft in de moederbuik al zo'n zwaar achterste, dat het als een duikelaartje rechtop blijft, met zijn kop dicht bij de uitgang. Toch zijn er dieren die bijna altijd met de achterpoten het eerst geboren worden. Vleermuizen bijvoorbeeld. Maar bij hen is alles andersom. Een vleermuis hangt in rust met zijn kop naar beneden, maar tijdens het baren met de kop omhoog. Ook walvissen en dolfijnen komen met hun achterste de wereld in. Het is dan net of de moeder twee staarten heeft: een grote van achteren en een kleine van onderen.

Bij de geboorte komt er van alles met het jong mee. Het jong zit bij het begin nog verpakt in het vruchtvlies. Als dit niet vanzelf tijdens de geboorte stukgaat, bijt de moeder het open of likt het van haar jong af en ze eet het op. Bij het stukgaan loopt het vruchtwater eruit. In dat water heeft het jong tot dan geleefd, als een vis in een aquarium. Niet om in te zwemmen, maar als bescherming tegen schokken en stoten. Een ongeboren hondje drijft in een theekopje vol vruchtwater, een katje in een eierdopje vol. Bij de geboorte van een kalf komt zelfs een emmer vol vocht mee, maar dat is er voor een groot deel door het kalf zelf in geplast.

Uit het vruchtvlies komt een nat en slijmerig jong te voorschijn. De moeder likt het droog en schoon. Tegelijkertijd bijt ze de navelstreng door. Als dat tenminste nodig is; bij een hert breekt de navelstreng vanzelf zodra de moeder opstaat. Aan de buik van een pasgeboren jong blijft een stuk navelstreng hangen, dat later verdort en afvalt. Het stuk aan de kant van de moeder zit vast aan de placenta. Deze wordt na het jong vanzelf geboren of door de moeder aan de navelstreng naar buiten getrokken. Meestal eet de moeder deze nageboorte op. Al ziet zo'n hompje vlees er niet erg lekker uit, toch heeft de moeder groot gelijk. Ze heeft best een hap voedselrijk vlees verdiend en het houdt de boel nog schoon ook. Zelfs een antilope, die anders nooit vlees lust, eet de nageboorte op. Alleen dieren als zeehonden en nijlpaarden nemen er geen hap van. Zij laten hun nageboorte achter voor de hongerige meeuwen of jakhalzen.

Vergeleken bij het werpen van een jong is het leggen van een ei een koud kunstje. Een ei is geschapen om gelegd te worden. Kijk eens in de keuken hoe mooi glad een ei is en wat een mooie punt het heeft. Je zou het haast zelf gelegd willen hebben.

Toen het ei door de kip gelegd werd, was het overigens minder hard, zodat het er extra gemakkelijk uit kwam. Eieren van slangen, kikkers en vissen zijn nog zachter en blijven dat. Die floepen zomaar naar buiten.

Een ei is de ideale oplossing voor moeilijke geboorten. Voor de moeder tenminste. Maar zij heeft het probleem doorgeschoven naar haar jong dat erin zit. Dat moet maar zien hoe het er ooit uit komt. Een ei is de enige verpakking die door zijn inhoud geopend moet worden. In het begin is de eischaal een perfecte bescherming, op het laatst is hij een perfecte gevangenis voor het kuiken. Stel je voor dat jij was geboren in een dichtgetimmerde kist, waaruit je op eigen kracht moest ontsnappen. Dat is de positie van een kuiken dat zijn ei uit wil.

Gelukkig voor het kuiken is een ei bol. Door die vorm is het van binnenuit veel gemakkelijker stuk te maken dan van buitenaf. Als opener gebruikt het kuiken een speciale verdikking op de snavel. Deze eitand valt later weer af. Eerst pikt het kuiken een gaatje in de stompe kant van het ei. Nu kan het buitenlucht ademen. Hierdoor gesterkt draait het zich in het ei een stukje, en maakt een tweede gaatje naast het eerste, en een derde en een vierde. Zo ontstaat een krans van gaatjes en kan het kuiken het bolle kapje van het ei afdrukken. Een uiltje maakt zijn krans van gaatjes helemaal rond, een kip heeft daar het geduld niet voor en breekt al eerder uit.

Eenmaal vrij ligt het jong een tijdje op apegapen. Onder zijn moeder droogt het snel op en begint het een echt vogeltje te lijken. Met zijn veerstompjes overeind kun je na een uurtje al niet meer geloven dat het in de dop daar naast hem heeft gepast.

Vergeleken bij een glad ei zit een babypaard of baby-ezel vol uitsteeksels. Vooral de poten zouden bij de geboorte lelijk in de weg kunnen zitten. Gelukkig houdt het jong ze goed gestrekt. Om de scherpe hoefjes zitten sokjes van zacht weefsel, die later weer verdwijnen. Zo kunnen ze de vruchtvliezen of de geboorteopening niet beschadigen. Om dezelfde reden zijn de stekels van een stekelvarken bij de geboorte nog zacht. Een kameel heeft bij de geboorte zijn bulten netjes over zijn rug gevouwen om erdoor te kunnen.

Tot het naar buiten komt, gaat alles min of meer vanzelf voor het jong. Meteen daarna moet het zelf aan de slag. Het moet nu zelf ademen, zelf zijn eten verteren, zelf ziektekiemen buiten houden. Geboren worden is dan ook meer dan alleen maar naar buiten komen. Het is de grootste omschakeling in het leven van een dier. Of het nu een kalf is dat voor het eerst overeind krabbelt of een kuiken dat naast zijn dop ligt uit te puffen, er moeten voorgoed schakelaars worden omgezet. Dat gebeurt vanbinnen. Maar al zie je er zodoende niks van, het is toch fantastisch.

De eerste schakelaar zit in de navelstreng. Wanneer het jong van zijn moeder wordt losgekoppeld, sluit deze de bloedaanvoer en bloedafvoer af. Zonder bloedaanvoer krijgt het jong ook geen zuurstof meer van zijn moeder. Die moet het voortaan zelf uit de lucht halen. Voor het eerst gaan zijn longen werken. Hier wordt de luchtzuurstof door het bloed opgenomen. Maar dat kan alleen als de bloedsomloop helemaal wordt omgelegd. Hiervoor wordt een klep tussen de ene en de andere harthelft gesloten. Dit gebeurt ook bij de mens. In zijn nieuwe stand vergroeit de klep met de hartwand. Maar er blijft altijd als aandenken een litteken van over: een tweede navel, diep in je lichaam.

Sommige vissen blijven na hun geboorte in hun moeder zitten. Zo gauw de eieren er van achteren uitkomen, hapt zij ze van voren op. Niet om ze op te eten, maar om ze in haar bek uit te broeden. Muilbroeders heten deze vissen dan ook. Ook als de visjes uit het ei gekomen zijn, blijven ze nog een tijd in de veilige bek. Zelfs als ze al buiten mogen zwemmen, sprinten ze bij gevaar zo snel ze kunnen terug. Overigens zijn er ook bij die door pa worden uitgebroed. Dat hangt er maar van af van welke soort ze zijn. Er leven honderden verschillende soorten in de meren van Afrika, de ene nog mooier van kleur dan de andere.

JONGEN OF MEISJE

Is het een jongen of een meisje? Dat is het eerste wat iedereen wil weten als er een baby is geboren. Het leven van een jongen verloopt in onze maatschappij nu eenmaal anders dan dat van een meisje. Zelf heb je misschien ook liever een zusje dan een broertje. Of andersom natuurlijk.

Voor dieren geldt hetzelfde. Een stier heeft een ander leven dan een koe, een haan een ander leven dan een kip. Het grootste verschil is natuurlijk, dat een vrouwtje later zelf weer jongen kan krijgen, een mannetje niet. Daarom willen boeren graag dat een jong een vrouwtje is. Een koekalf levert straks nieuwe kalveren, een meisjesgeit nieuwe geitjes. En dan geven ze nog melk ook. Stieren, bokken en hanen moeten er ook zijn, maar aan één zo'n mannetje heeft de boer genoeg om een heleboel vrouwtjes te laten bevruchten. Daarom worden de meeste stiertjes en bokjes al jong geslacht; haantjes worden als eendagskuiken al gedood.

Ook als speelkameraad zijn vrouwtjes meer in trek. Op een merrie rij je gemakkelijker dan op een hengst en een poes geeft in de paartijd minder problemen dan een kater. En van een poes of teef kun je natuurlijk een nestje krijgen.

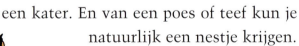

Of het een meisje of een jongetje is, kun je niet altijd meteen zien. Bij een mensenbaby is het duidelijk, maar poesjes en katertjes zijn pas na een paar weken goed uit elkaar te houden en bij sommige dieren blijft het lastig. Bij de panda lijken het mannetje en vrouwtje zelfs zo sterk op elkaar dat ze in de dierentuin weleens twee mannetjes bij elkaar hebben gezet, terwijl ze dachten dat het een paartje was. Geen wonder dat er geen jongen kwamen.

Waarom wordt het ene kind een jongen en het andere een meisje? Vroeger dacht men dat het aan de moeder lag. Sliep ze op haar linkerzij dan kreeg ze een jongen, snoepte ze veel dan kwam er een meisje.

Tegenwoordig weten we dat de vader het uitmaakt. Hij levert twee soorten zaadcellen door elkaar. Het ene soort verwekt jongens, het andere meisjes. Omdat een mensenvader van beide soorten zaad evenveel maakt, worden er ongeveer evenveel jongens als meisjes geboren. Maar niet precies evenveel. De kans op een broertje is iets groter dan op een zusje.

Uit de eieren van een pad komen geen jongetjes, maar ook geen meisjes. Het is zelfs nauwelijks een padje dat eruit komt. Met zijn lange staart lijkt het meer op een visje. Voorlopig moet het net als een vis in het water blijven en heet het een dikkopje. Pas na enkele weken verdwijnt de staart, komen er pootjes aan en wordt het een pad.

Zo'n tussenvorm als het dikkopje komt bij veel diersoorten voor en heet een larve. Larven leven vaak anders dan hun ouders. Ze kunnen zich pas voortplanten als ze in een volwassen dier zijn veranderd. Dan pas zijn mannetje en vrouwtje te onderscheiden. Gek genoeg heeft een pad zelf daar de meeste moeite mee. Een mannetjespad springt in de paartijd boven op elke andere pad. Protesteert deze dan is het ook een mannetje, protesteert hij niet dan zal het wel een vrouwtje zijn.

Nog gekker doen veel slakken het. Die zijn mannetje en vrouwtje tegelijk. Eén dier kan dus zowel eitjes als zaad maken. Zo'n slak kan dus met zichzelf paren. Toch doet hij het liever met z'n tweeën. Dan bevruchten ze dus elkaar.

Voordat het zover is, vrijen twee wijngaardslakken uren met elkaar. Ze kruipen tegen elkaar aan en duwen elkaar dan omhoog, met de slijmerige zolen tegen elkaar. In deze houding zwaaien ze met hun koppen. Ondertussen vrijen ze met hun sprieten. Dat vinden ze lekker. Maar ze vinden het ook lekker om elkaar een kalkstekel in het lijf te steken. Van deze liefdespijl worden ze zo opgewonden dat het witte geslachtsorgaan te voorschijn komt. Dit zit niet achter aan het lijf, maar rechts op de kop. Zo kan het zaad gemakkelijk worden ingespoten in de geslachtsopening van de andere slak, die ook in de kop zit. In hun lichaam bewaren de slakken het zaad van hun partner totdat de eieren rijp zijn. Uit die eieren komen in het begin van de zomer de slakjes, die elk weer jongen en meisje tegelijk zijn.

Bij een mierennest zie je de mieren vaak sjouwen met witte 'rijstkorrels'. Veel mensen denken dat dit de miereneieren zijn. Maar dat kan natuurlijk niet; daar zijn ze veel te groot voor. Het zijn geen eieren, maar poppen. Een pop is een stadium tussen larve en volwassen mier in. Uit een mierenei komt een larve, een larve spint zich in tot een pop en uit de pop komt uiteindelijk een volwassen mier.

Vanbuiten is er aan zo'n pop weinig te zien. Hij doet niets. Maar vanbinnen is het een enorme drukte. Daar wordt de larve stapje voor stapje omgebouwd tot een volwassen mier. Zijn witte velletje wordt een stevig, donker pantser en er groeien drie paar poten aan, zodat hij zich straks niet meer door de anderen hoeft te laten dragen.

Mieren zijn niet de enige dieren met een popstadium. Het komt bij de meeste insecten voor. Ongeveer driekwart van alle diersoorten op aarde is een insect. Geboorte met een popstadium is dus veel gewoner dan ons eigen soort geboorte.

Wil je het verpoppen zelf eens zien, leg dan op een zomerdag een stukje gehakt neer in een kamer met vliegen. Deze insecten vinden het heerlijk om er met hun sponzige snuit aan te sabbelen. En ze leggen er graag hun eitjes in. Met een beetje geluk kun je zien hoe de eieren uit het wijfje komen. Het zijn er vaak meer dan honderd per keer.

De volgende dag om dezelfde tijd zijn de eitjes al uitgekomen. In plaats van eieren vind je nu zachte, pootloze wurmpjes. Dit zijn de vliegenlarven ofwel maden. Doordat hun moeder haar eitjes in hun eten heeft gelegd, groeien ze als kool. Een dag later zijn ze al dubbel zo groot en passen ze nauwelijks meer in hun vel. Willen ze nog groter worden, dan zit er maar één ding op: vervellen. Maar al gauw is ook hun nieuwe vel te krap en enkele dagen later zelfs hun derde. Daarna wordt het tijd voor het popstadium.

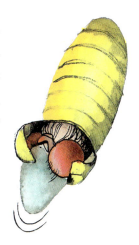

Om te verpoppen zoeken de vliegenlarven een rustig plekje op. Een draad om zich mee in te spinnen, zoals een mierenlarve of zijderups, hebben ze niet. In plaats hiervan worden ze gewoon hard van buiten. Dat kun je zien, want hoe harder de huid wordt, hoe donkerder hij is. Zo blijft de pop rustig liggen tot de vlieg er binnenin klaar is. Bij koud weer kan dat een weekje duren, in de warmte heeft de pop aan een paar dagen genoeg.

Omdat de pophuid hard is, heeft een vliegenlarve net zo'n moeite met eruit te komen als een kuiken uit zijn ei. In plaats van een eitand zit er een blaasje op zijn kop, dat hij oppompt. Hierdoor barst de pophuid als een tonnetje open en komt de kop van de vlieg te voorschijn.

Nu meteen al kun je zien of de vlieg een jongen of een meisje is, want de jongens hebben bij een gewone huisvlieg grotere ogen dan de meisjes.

Ook een vlinder wordt gebouwd in vier stappen: ei, larve, pop en volwassen dier. De eitjes worden meestal tegen de onderkant van een blad afgezet. Daar lopen ze niet zo in de gaten. Vaak lijken het net besjes. Dat komt door het vocht waarmee ze vastgeplakt zijn en dat ze tegen uitdroging beschermt.

Na een paar dagen knaagt de larve zich het ei uit. In tegenstelling tot de larve van een vlieg heeft de larve van een vlinder pootjes. Daarom heet hij geen made, maar rups. Het lijfje bestaat uit een reeks partjes, de segmenten, met een kop van voren. Aan de kop zitten twee vlijmscherpe kaken, waarmee de rups het blad wegknaagt. Samen met de rupsen uit de andere eitjes heeft hij het blad algauw zo kaal gegeten, dat hij over zelfgesponnen draden moet lopen om er niet doorheen te vallen. Ondertussen groeit de rups snel. Daarom moet hij, net als de made van een vlieg, van tijd tot tijd vervellen. Op zijn nieuwe vel kunnen prachtige stekels, haren en vlekjes verschijnen.

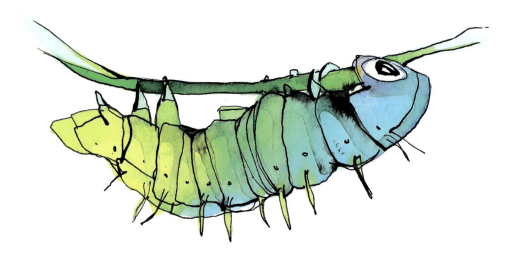

Na een paar weken eten en vervellen is de rups groot genoeg. Het is tijd om een vlinder te worden. Maar dat gaat zo maar niet. Om zich vanbinnen om te bouwen, moet de rups vanbuiten rusten. Hij moet verpoppen. Veel rupsen spinnen zich daar helemaal voor in, maar dat is de rups op de tekening te veel werk. Hij zet zich met een spinsel aan zijn achterlijf vast en hangt zich met een lus om zijn middel aan een takje. De volgende vervelling komt er geen grotere rups te voorschijn, maar een pop. De huid scheurt tot achter toe open en blijft als een mal mutsje zitten. De pop kronkelt net zo lang tot ook het laatste restje rupshuid eraf is.

De pop heeft een eigen huid om zich te beschermen. In het begin is de pophuid nog erg licht en zacht, later wordt hij donkerder en hard. Hierbij krimpt de pop een beetje. Dan kan het grote werk beginnen. Zoals de pop binnen de rupshuid werd gemaakt, wordt binnen de pophuid aan de vlinder gewerkt.

Wanneer de pop bijna uitkomt, kun je de vlinder al vaag zien zitten, maar dan wel helemaal opgevouwen. Dan gebeurt het. Opeens barst de pop open. Dat gebeurt altijd op dezelfde plaats, waar de pop met opzet zwakke naden in zijn huid heeft. Die naden zitten zo dat de vlinder zo snel mogelijk naar buiten kan. Toch valt dat nog niet mee. Nadat de vlinder zijn kop eruit heeft, haalt hij de rest van zijn lichaam uit de knoop. Het lastigst zijn de vleugels. Als het dier al helemaal is uitgekomen, hangen die er nog verfomfaaid bij.

De vlinder is nu bijna klaar. Hij hoeft alleen nog bloed in zijn vleugels te pompen, zodat ze mooi uit gaan staan. Nu zien we eindelijk wat voor vlinder het is: een page. Deze soort leeft in warme streken. Hij houdt van sinaasappelen en citroenen.

Waarom komt er niet gewoon een piepklein vliegje of vlindertje meteen uit het ei? Daar is een goede reden voor. Insecten zitten opgesloten in hun harde huid. Dit pantser kan nauwelijks groeien. Daarom groeien ze als larve, wanneer ze nog zacht en rekbaar zijn en gemakkelijk kunnen vervellen. Een rups of made hoeft alleen maar te groeien; het is een echt eetmachientje. Vleugels heeft zo'n insect pas nodig wanneer hij volwassen is. Dan pas is er verschil tussen de mannetjes en de vrouwtjes, die elkaar op hun vliegtochtjes ontmoeten.

EENLING, TWEELING, DUIZENDLING

In het voorjaar kun je leuk eendjes tellen. Hoeveel van die pluizenbollen zwemmen er dapper achter hun moeder aan? Acht? Negen? Of hoort die ene er ook bij? Kijk, daar komt er nog een uit het riet! En had je die al gehad? Nu ben je de tel kwijt en moet je overnieuw beginnen.

De ene eend heeft veel meer jongen dan de ander. Hoe dat komt, zie je als je elke dag telt. Een eend met twaalf jongen heeft er een dag later misschien nog elf en na een week zeven. De rest is opgegeten door een rat of verdronken. Dat is zielig. Maar als alle eendjes bleven leven, was het ook niet goed. Als elk wijfje vijf wijfjes grootbrengt, heb je er het volgend jaar vijfentwintig, het jaar daarop zeshonderdvijfentwintig, weer een jaar later drieduizendhonderdvijfentwintig, enzovoort. Algauw zou de vijver zo vol eenden zijn dat er geen water meer bij kon. Omgekeerd, als de eenden te weinig nieuwe eendjes zouden maken, stierf de soort snel uit. Een slimme eend maakt er niet te veel en niet te weinig, net er tussenin.

Misschien zijn jullie thuis ook met z'n twaalven. Maar dan zijn alle kinderen niet in één keer geboren. Een mens krijgt geen twaalfling. Een tweeling is al veel en een drieling is zeldzaam. De geboorte van een vierling haalt de krant, bij een vijfling komt de burgemeester en bij een zesling de televisie. Zes kinderen baren is wel even iets anders dan zes eieren leggen. Laat staan honderd eieren, zoals veel slangen.

Toch is een zesling voor een zoogdier niet gekker dan voor een vogel. Het eerste het beste konijn krijgt zelfs een achtling en ook een hond werpt in één keer een heel gezinnetje bij elkaar. Varkens maken meestal tien of twaalf biggetjes en er is een varken geweest dat er dertig kreeg. Dat zijn er nog meer dan bij de vogel met de meeste eieren, de pimpelmees, met een record van vierentwintig stuks.

Aan een vogel kun je niet zien hoeveel jongen hij gewoonlijk krijgt. Aan een zoogdier wel, want die heeft tepels. Jouw moeder heeft er twee. Ze is dus gebouwd op hooguit een tweeling; bij een drieling komt de fles eraan te pas. Een hond of poes heeft al meer tepels dan wij en varkens hebben er wel een dozijn. De ene tepel geeft vaak meer melk dan de andere; dan vechten de jongen om de beste.

Een hond met een zesling haalt de krant niet. Bij een hond is juist een eenling nieuws. Voor de moeder slecht nieuws trouwens, want een eenling geeft een moeilijke bevalling. Dat lijkt raar. Eén jong werpen is toch minder werk dan meer jongen? Als dat ene jong even groot is als elk van die andere jongen wel, maar meestal is zo'n eenling groter. Het is net of de geboorte bij een meerling over meer partjes is verdeeld. Vele kleine partjes komen gemakkelijker het moederlichaam uit dan één groot jong.

Ook na de geboorte hebben dieren met weinig jongen juist meer werk aan hun kroost. Het is alles wat ze hebben, daar moeten ze zuinig op zijn. Een paard of koe houdt de hele dag haar veulen of kalf bij zich in de buurt en een apenmoeder draagt haar jong maandenlang met zich mee. Net als bij de mensen wordt een 'enigst kind' in het dierenrijk vertroeteld en verwend. En fel verdedigd.

Andere zoogdieren met maar één of twee jongen per worp zijn de olifant, de neushoorn, de zeehond, de vleermuis en de panda. De panda is hiervan de gekste. Hoewel hij maar één jong grootbrengt, is dit bij de geboorte heel klein. Het is net een ratje en het piept nog harder. De pandamoeder weegt duizendmaal zoveel als haar jong. Ze moet lang en goed voor hem zorgen voor hij groot genoeg is om op eigen benen te staan. Gaat de kleine dood, dan duurt het een jaar voordat de panda een nieuwe krijgt. Geen wonder dat de soort op uitsterven staat.

Er zijn ook vogels die per keer maar één jong krijgen. Ze leven vooral op zee of aan de pool, waar ze weinig vijanden tegenkomen. Een voorbeeld is de keizerspinguïn.

Konijnen, hamsters en andere kleine knagers hebben juist veel vijanden. Ze moeten zorgen dat ze zich sneller voortplanten dan dat ze worden opgegeten.

Een haas kan beter vluchten dan een konijn en heeft aan een vierling genoeg, terwijl een konijn wel acht jongen per keer moet maken.

Omdat er toch genoeg van zijn, worden de jongen uit een grote worp vaak slecht verzorgd. Zo drukt een moedervarken vaak per ongeluk haar eigen biggetjes dood. Een slimme varkensfokker zet enkele dagen voor de geboorte konijnen bij het varken. Die huppelaars laten zich niet dooddrukken en leren de zeug dat ze uit moet kijken waar ze gaat liggen.

Al houdt de pimpelmees met vierentwintig stuks het record eierenleggen voor vogels, kampioen van alle dieren is hij niet. Padden en spinnen leggen er honderden. Veel vissen krijgen minstens een duizendling. Al eet een vijand er honderdvijftig van op, dan heeft de vis altijd nog een achthonderdvijftigling over. Een van die visseneiereters is de mens.

Die eet het liefst kaviaar, de eieren van de steur. In één hapje zitten honderden eitjes. Maar die kan een wijfjessteur wel missen; zij krijgt minstens een miljoenling.

Of je nu veel jongen slecht verzorgt of weinig jongen goed, het blijft een heel werk om ze groot te brengen. Het is zonde om werk voor niks te doen. Uilen hebben er iets op gevonden. Ze maken niet meer jongen dan nodig is. Als ze weinig eten kunnen vinden, leggen ze weinig eieren. Meer eieren heeft dan geen zin, want ze kunnen de extra jongen toch niet grootbrengen. Maar in jaren met veel muizen legt een kerkuil tweemaal zoveel eieren als normaal.

Soms blijkt het gebrek aan muizen pas wanneer de eieren al gelegd zijn. Ook daarop hebben uilen iets gevonden. Ze beginnen altijd met broeden zodra het eerste ei gelegd is. De meeste vogels doen dat niet; die wachten tot ze alle eieren bij elkaar hebben en dat kan wel even duren, want meer dan één ei per dag maakt een vogel niet. Uilen leggen hun eieren zelfs met twee dagen tussenpoos. Wanneer het laatste jong uitkomt, kan het eerste dus al twee weken oud zijn. Het nakomertje is natuurlijk het zwakst. Toch krijgt het niks extra's van zijn ouders te eten. Integendeel. Wie het hardst schreeuwt, krijgt het meest. Dat is dus de oudste. Pas als die zijn buikje vol heeft, krijgen de andere wat. Dat is gemeen. Toch is het goed. Als er weinig te eten is, blijven de oude kuikens zo tenminste leven. Zouden de ouders eerlijk delen, dan kregen alle kuikens te weinig en gingen dood.

In vette jaren groeien er dus extra veel van die mooie uilen op. Het jaar daarop kunnen die uilen zelf weer jongen krijgen. Als ze tenminste een plekje vinden om te broeden. Zo niet, dan slaat een uil de vleugels uit en zoekt hij zijn geluk ver van zijn huis, misschien wel dicht bij het jouwe.

BIJ MOEDER THUIS

Het beste nest is de buik van je moeder. Hierin ben je het veiligst. Zoogdieren hebben zo'n levend nest. Maar er zijn ook wel vissen en hagedissen die hun jongen een tijdje in hun buik houden voordat ze de wereld in mogen.

Vogels doen zoiets nooit. Met een stel flinke jongen in hun buik zouden ze te zwaar worden om te vliegen. Hun jongen worden zo snel mogelijk met ei en al naar buiten gewerkt. Zo'n ei is mooi en handig, maar ook koud en breekbaar. Daarom bouwen de meeste vogels er een nest voor van strootjes, gras, zand, spuug, dons, takjes, wat ze maar te pakken kunnen krijgen, al zijn het plastic zakjes of spinnenwebben. In deze namaakbuik broeden de vogels hun eieren uit en brengen ze hun jongen groot. Warmte krijgen de jongen van de echte moederbuik, maar dan van de buitenkant. Er zit zelfs een kale plek op die buik om de warmte goed door te geven.

Echt veilig is zo'n bouwsel van takjes en strootjes natuurlijk niet. Daarom wordt het goed verstopt. Al zie je in het voorjaar nog zoveel vogels, hun nesten zie je nauwelijks. Die vind je pas in de winter, wanneer de bomen kaal zijn. Maar ook nesten op de grond merk je nauwelijks op. Soms zie je het nest van een kievit of fazant pas wanneer je erop trapt. Dat komt door de speciale camouflagekleuren van het nest, de eieren en de jongen.

De ooievaar verstopt zijn nest niet. Hij bouwt boven op het dak van huizen, torens en boerderijen. Daar durft geen dier de grote vogel aan te vallen. Alleen van andere ooievaars heeft hij iets te vrezen; die proberen het nest weleens in te pikken of stelen er het stro uit voor hun eigen nest.

Mensen helpen de vogels met nestkastjes. Dat is raar. Vogels timmeren zelf toch nooit zoiets? Waarom leggen ze dan toch eieren in die kastjes van ons? Omdat ze denken dat een nestkastje een holle boom is. Een holte in een boom is nog veiliger dan een zelfgevlochten nest. Jammer genoeg worden holle bomen omgehakt. Om het goed te maken, hangen de mensen nestkastjes op.

Al is het nog zo lekker in de moederbuik, op een gegeven moment moet een jong vosje of muisje eruit. Het is te groot om binnen te blijven, maar nog te klein om buiten te zijn. Daarom zorgt zijn moeder net als een vogel voor een tussenoplossing: een nest.

Het nest van de vos is een hol onder de grond. Dat heeft hij zelf gegraven of hij woont in bij een das. Muizen bouwen een nest van allerlei troep die ze kunnen vinden. Zo vinden de kale, roze jonkies warmte en bescherming tot ze genoeg haar hebben en zelf eten kunnen zoeken.

Een teef of poes woont warm en veilig in het huis van haar baas. Toch werpt ze haar jongen in een eigen nest; liefst in een doos of la met kussens en lappen.

Een nest beschermt tegen gevaren, maar maakt er zelf een gevaar bij. Een nest heeft immers een vaste plek. Heeft een vijand het gevonden, dan zijn de jongen niet veilig meer. Eigenlijk zou een nest pootjes moeten hebben. Dat kan. Bij de wolfsspin heeft het er zelfs acht. De moederspin draagt haar nest vol eitjes in een cocon op haar rug mee. Zo lang ze zelf een veilig heenkomen weet te vinden, zijn haar eieren ook veilig.

Het beste wandelende nest is een kangoeroe. Tot de geboorte draagt de kangoeroe haar jong mee in haar buik. Daarna verhuist het, nog maar als een erwt zo groot, naar de buidel. Als het daar uit is, mag het nog maandenlang uit de tepel in de buidel komen drinken.

Zodra vogels uit het ei zijn, krijgen hun ouders het heel druk. Omdat ze geen melk geven, moeten ze hun jongen hapje voor hapje voeren. Uilen vliegen af en aan met muizen, die in stukjes worden gehakt. Hoe vaak een vogel komt voeren, hangt ervan af hoe groot de prooi is. Een arend brengt een paar maal per dag een prooi, een spreeuw honderden malen per dag. Voordat zijn jongen groot zijn, heeft een spreeuw een emmer vol aangevlogen.

Parkieten eten geen prooi, maar zaadjes en andere stukjes plant. Voor de jongen zijn die nog te hard. Hun ouders voeren ze daarom met eten dat al een beetje is verteerd. Daarmee zijn ze weken bezig. Het duurt nu eenmaal een hele tijd voordat het blotebillenbeestje dat uit het ei komt een echte vogel is geworden. Het duurt alleen al een week voordat het kan zien en dons krijgt.

Uilen, spreeuwen en parkieten zijn nestblijvers. Maar kippen, eenden en fazanten verlaten meteen na het uitkomen hun nest. Deze kunnen dan ook al zien en lopen. Voeren is er niet bij; ze moeten zelf hun eten opscharrelen.

Hooguit wijzen de ouders met hun snavel aan wat eetbaar is. Die zelfstandige jongen heten nestvlieders.

Ook bij zoogdieren heb je nestblijvers en nestvlieders. Een konijn begint zijn leven blind en hulpeloos in het hol, een haas heeft geen hol en moet meteen na de geboorte voor gevaar kunnen vluchten. Goudhamsters hebben bij de geboorte al tanden en eten nootjes wanneer ze nog melk krijgen. Toch zijn het echte nestblijvertjes, die pas na twee weken hun oogjes opendoen. Een hertje krijgt daar de tijd niet voor. Het moet zo snel mogelijk met de kudde mee.

Echte nestvlieders zijn ook de walvissen en dolfijnen. Zij moeten meteen kunnen zwemmen, anders verdrinken ze. Bij de geboorte zijn ze al bijna helemaal af. Ze hebben dan ook een lange draagtijd.

En ook de mens is een echte nestblijver. Die bouwt prachtige nesten, vaak twee verdiepingen hoog, met kinderkamers.

KRAAMVISITE

In de natuur is er geen kraamkliniek of vroedvrouw. Het jonge moederdier staat er vaak alleen voor. Maar niet altijd.

Bij vogels wordt het vrouwtje meestal geholpen door het mannetje. Hij brengt haar eten terwijl ze zit te broeden of ze broeden om beurten. Na het uitkomen voeren veel vogelouders hun jongen met z'n tweeën. Dat is maar goed ook, want in haar eentje kan de moeder al het voer voor haar jongen gewoon niet aanslepen. Een uitzondering is de eend. Eendenkuikens zijn nestvlieders, die scharrelen hun eten zelf op. Bij eenden broedt alleen het vrouwtje; de woerd houdt de wacht.

De meeste mannetjes zijn nog slechtere vaders dan de mannetjeseend. Nadat ze de eieren bevrucht hebben, laten ze niets meer van zich horen. Of ze eten hun eigen kinderen op. Dit laatste komt voor bij vissen. Maar niet bij stekelbaarsjes en zeepaardjes. Die hebben ideale vaders. Een stekelbaarsvrouwtje hoeft alleen de eieren af te zetten; het mannetje vertroetelt ze in een zelfgebouwd nest. Zeepaardmannetjes nemen de eitjes van hun vrouwtje over en broeden ze uit in een buidel op hun buik.

Kuddedieren worden vaak midden in de kudde geboren. De andere dieren komen er dan nieuwsgierig op af. Sommige likken het pasgeboren jong of aaien het. Zo leren ze het kennen en wordt het jong meteen in de groep opgenomen.

Een olifantskoe wordt goed geholpen door haar vriendinnen in de kudde. Deze gaan vaak om de moeder heen staan om haar tijdens de geboorte te beschermen. Soms helpen ze haar ook om de vruchtvliezen stuk te trekken of bestrooien ze het jong met zand tot het droog is.

Dieren die in een kolonie leven, zijn opvallend aardig tegen elkaars jongen. Terwijl de volwassen meeuwen van een kolonie almaar met elkaar kibbelen en krijsen, laten ze de kleintjes met rust. Een troep apen komt als één man te hulp als een van hun jongen in gevaar is.

Struisvogels vormen hele rare kolonies. Een mannetje zorgt voor alle jongen van de vrouwtjes waarmee hij paart. Dat kunnen er wel een stuk of veertig zijn. Bovendien maakt hij ruzie met andere vaders. Dan krijgt hij hun jongen er nog eens bij. Uiteindelijk is hij soms de leider van een crèche van meer dan zestig kuikens.

Een toppunt van gemeenschapszin is de keizerspinguïn. Die doet zijn jong op een enorme crèche. Hier worden honderden babyvogels door een stel volwassenen verzorgd. De oppassers letten er bijvoorbeeld op dat de kleintjes niet te veel op de tocht komen te staan.

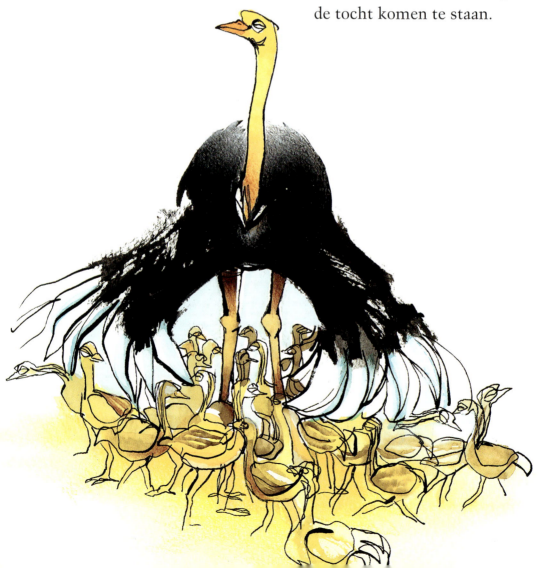

Stokstaartjes leven in kleinere groepen. Dertig stuks is al heel wat. Bij gevaar staat er altijd wel een op de uitkijk. De een heeft graag iets voor de ander over.

Mannetjes maken weinig ruzie wie er met de vrouwtjes mag paren. Als het nodig is passen stokstaartjes op elkaars jongen.

Geen enkele moeder krijgt zoveel hulp bij de voortplanting als een insectenkoningin. Die vind je bijvoorbeeld in een mierenhoop. Van alle duizenden mieren in zo'n nest is de koningin de enige die eieren legt. Ze legt er zoveel, dat ze geen tijd heeft er zelf voor te zorgen. Dat doen die anderen. Zodra er weer een ei gelegd is, draagt een werkstermier het naar een plekje waar de hoop net lekker is: niet te warm en niet te koud, niet te droog en niet te nat. Later geven ze de larven die uit de eieren komen te eten en sjouwen ze rond met de poppen.

Een mierenhoop is één grote mierenfabriek. Zodra een nieuwe mier een gaatje in zijn pophuid heeft geknaagd, helpt een werkster hem om het gat groter te maken.

De nieuweling krijgt maar een paar dagen de tijd om bij te kleuren en op krachten te komen. Hij moet zo snel mogelijk meehelpen.

Een poes doet alles liever in haar eentje. Zet je een lekker zachte mand voor de aanstaande poezenmoeder klaar, dan werpt ze haar jongen vaak juist in een kale kast of zo. Van pottenkijkers houdt ze niet. Is er te veel aandacht voor haar nest, dan sleept ze haar jongen bij de nek een voor een naar een rustiger plekje. Zelfs volwassen katten houden zich koest als je ze zo vastpakt.

Een vroedvrouw komt in de natuur niet voor, maar wel iets wat er sterk op lijkt. Als er een dolfijn wordt geboren, zijn er meestal enkele 'tantes' in de buurt.

Zij houden de andere dieren uit de buurt en helpen het jong. Als dat niet uit zichzelf omhoogzwemt om lucht te happen, duwen ze het naar de oppervlakte.

Soms is het jong dood geboren en ademt het dus niet. Dan houden de tantes het toch uren boven. Maar meestal zwemt het jong met een zwiep van zijn staart de toekomst tegemoet. Dan is het wonder weer eens gebeurd, voor de honderdduizendmiljoenste keer. Want dat is het wonderlijkste van de geboorte: het is het gewoonste wonder van de wereld.

TREFWOORDEN

aap 28, 62, 73
antilope 43

baarhouding 39
baarmoeder 38, 39
beer 24
bevruchting 20, 35, 40, 50, 53, 72
broeden 49, 65, 66, 72
broedtijd 30, 31
broedzorg 66-77

cellen 16, 18-21

dikkopje 52
dolfijn 41, 71, 76
draagtijd 30, 37, 41, 71
duivenmelk 33

eend 32, 60, 70, 72
eerste cel 16, 20
egel 28
ei 19, 22, 23, 30-32, 34, 35, 40, 44-46
eicel 20, 21, 35, 40
eischaal 31, 44
eitand 32, 45, 55
eten vóór geboorte 14, 15

ezel 23, 46

fazant 67, 70

geboorte 9, 36-49
geboortemoment bepalen 36, 37
geboorteopening 35, 46
geit 23, 27, 50
geslacht 50-59
giraffe 39
goudhamster 39, 71
groei 15-18, 30, 33, 34, 36, 40, 59
groei in ei 30-35
groei insecten 54, 55
groei vóór geboorte 12-18, 30, 66

haas 63, 71
hagedis 66
hamster 63
hert 40, 43, 71
hond 10, 12, 13, 15, 24-26, 37, 40-42, 61, 62

insect 34, 54, 55, 75, 76

jakhals 43

kameel 23
kangoeroe 69
kat *zie* poes
keizerspinguïn 63, 74
kerkuil 64
kievit 23, 67
kikker 19, 31, 44
kip 19, 22, 23, 44, 45, 50, 70
koe 22, 23, 26, 29, 41, 50, 62
konijn 10, 29, 37, 61, 63, 64, 71
krokodil 31

larve 52, 54-56
liefdespijl van slak 53
lieveheersbeestje 34

made van vlieg 55, 56
mannetje of vrouwtje 50-59
meeuw 43, 73
melk 22-35
melkstoot 27
mier 54, 76
moederlijke zorg 66-71
moedermelk 22-35
muilbroeders 49

muis 37, 68

nageboorte 43
navel 12-21, 23, 24, 48
navelstreng 12-14, 25, 43, 48
nekgreep 76
nest 66-71
nestblijvers 70, 71
nestvlieders 70-72
neushoorn 63
nijlpaard 43

olifant 21, 37, 63, 73
ooievaar 67
ouderzorg 66-77

paard 37, 46, 62
paartijd 41, 50, 52
pad 35, 52, 64
panda 51, 63
paren 21, 41, 53, 75
parkiet 33, 70
pimpelmees 61, 64
placenta 14, 43
poes 6-10, 12, 13, 15, 26-28, 37, 40, 50, 51, 68, 76
pop 54-58

rups 33, 56, 57, 59

schaap 36, 37, 41
schildpad 31
slak 35, 53
slang 44, 61
spin 64, 69
spreeuw 70
stekelbaars 72
stekelvarken 46
steur 64
stokstaartje 75
struisvogel 21, 74
stuitligging 41

tepels 62

uil 45, 64, 65, 70

varken 61, 62, 64
verpoppen 54, 55, 57
vervellen 55-57, 59
vis 31, 44, 49, 52, 64, 66, 72
vleermuis 41, 63
vlieg 8, 54-56, 59
vlinder 56-59
vogels 31, 33, 34, 41, 63-67, 70, 72

voortplanting 7, 8, 35, 75
vos 68
vruchtvlies 42, 43
vruchtwater 42

walvis 16, 24, 27, 29, 41, 71
weeën 38, 39
wolf 36
wolfsspin 69
worpgrootte 60-65
wijngaardslak 53

zaadcel 20, 21, 51
zeepaardje 72
zoogdier 24, 25, 29, 30, 61-63, 66, 71
zoogtijd 28
zijderups 55